대학생활을 위한

사회봉사 활동일지

송 정 애

학과	
학번	
이름	
실습기관명	
지도교수	

양서원

사회봉사활동의 기초적 이해

사회 혹은 공공의 이익을 위하여 자발적, 비자발적으로 노동력이나 금품 등 필요한 자원을 무보수로 제공하는 과정에서 자발적 의지가 생겨 그것을 토대로 한 활동을 의미한다.

1. 사회봉사활동의 목적

1) 실습생의 목적

① 사회봉사활동을 통해 자신의 능력과 사랑을 이웃과 함께 나눌 수 있는 계기를 마련한다.

② 학교에서 배운 지식과 기술을 실습현장에서 활용하는 기회의 활용과 새로운 실천지식과 기술을 익히는 기회를 갖는다.

2) 학교의 목적

① 사회복지기관 및 시설과 산학협력을 통하여 학교교육과 실천현장과의 교량역할을 한다.

② 사회봉사활동을 통해 나눔 · 봉사를 실현하는 것은 물론 학생들이 준비한 봉사프로그램을 바탕으로 지역사회발전에 기여한다.

3) 기관의 목적

① 실습생을 통하여 클라이언트에게 더욱 다양하고 새로운 형태의 서비스를 제공할 수 있으며, 이러한 기회를 통해 기관 및 지역적 특성에 맞는 새로운 영역을 개발할 수 있도록 한다.

② 실습생이 학교에서 습득한 기술, 지식 등을 실천현장에서 접할 수 있는 기회를 제공한다.

③ 학교와 지속적 연계로 이론과 실무에 대한 정보교환의 기회를 갖는다.

2. 사회봉사 현장실습 안내

1) 사회봉사활동기관 조사 및 실습관련서류 제출

① 사회봉사 수강생이 관심 있는 봉사기관을 조사하고 기관에 방문한다.

② 기관관계자와 함께 봉사가능요일 및 시간을 조율하고 사회봉사활동신청서와 계획서, 자원봉사자 서약서를 작성한다.

③ 작성 후 사회봉사지도교수 또는 로고스봉사지원단에 제출한다.

2) 사회봉사 현장실습 실시

① 각 기관에서 진행하는 봉사프로그램 및 활동내용, 봉사활동 시 유의사항 등 실습관련 사전교육을 받는다.

② 교육 이수 후 실습기관에서 다양한 봉사활동을 실시한다(1학기 40시간).

③ 봉사활동 후 일일활동일지와 일일활동평가서를 작성하여 기관 담당자에게 확인받는다.

3) 중간보고서 작성

① 자원봉사활동이 중반 정도에 이르렀을 때 자신의 활동과정 및 내용에 대하여 중간평가를 진행하고 보고서를 작성한다.

② 중간보고서를 통해 지금까지의 활동내용 중 문제점을 개선 · 보완하고 실습이 끝날 때까지 봉사활동을 실시한다.

4) 실습종료 후 사회봉사실습일지 제출

① 실습종료 후 기관관계자에게 사회봉사활동 최종보고서 및 최종평가보고서(기관용)를 전달하고 실습생은 최종평가보고서(학생용)를 작성한다.

② 기관관계자는 전달받은 사회봉사활동 최종보고서 및 최종평가보고서(기관용)를 작성하고 밀봉하여 실습생에게 전달한다.

③ 실습생은 밀봉한 실습관련서류를 받아 사회봉사활동일지에 첨부한다.

④ 기말고사 기간에 사회봉사실습일지(사회봉사 일일활동일지, 일일활동평가서, 중간보고서, 최종보고서, 최종평가보고서)를 취합하여 지도교수에게 제출한다.

사회봉사활동 신청서

<table>
<tr><td>수강학기</td><td>20 학년도 학기</td><td>작성일자</td><td>20 년 월 일</td></tr>
<tr><td>교과목명</td><td></td><td>성 명</td><td></td></tr>
<tr><td>소 속</td><td>학과 / 학부</td><td>학 년</td><td></td></tr>
<tr><td>연락처</td><td colspan="3">(휴대폰) (이메일)</td></tr>
<tr><td>활동 구분</td><td colspan="3">□ 개인 봉사활동 (1인) □ 단체 봉사활동 (2인 이상)</td></tr>
</table>

<table>
<tr><td rowspan="5">활동 인원</td><td colspan="5">※ 단체 봉사활동의 경우만 작성</td></tr>
<tr><td>학과/학부</td><td>학년</td><td>이름</td><td>연락처</td><td>E-mail</td></tr>
<tr><td></td><td></td><td></td><td></td><td></td></tr>
<tr><td></td><td></td><td></td><td></td><td></td></tr>
<tr><td></td><td></td><td></td><td></td><td></td></tr>
</table>

<table>
<tr><td rowspan="4">봉사기관 관련사항</td><td>기 관 명</td><td></td><td>설립년도</td><td></td></tr>
<tr><td>대표자명</td><td></td><td>주요사업</td><td></td></tr>
<tr><td>전화번호</td><td></td><td>기 관
담 당 자</td><td>직위 :
성명 : (인)</td></tr>
<tr><td>기관주소</td><td colspan="3"></td></tr>
<tr><td>기타사항</td><td colspan="4"></td></tr>
</table>

위와 같이 사회봉사 교과목 사회봉사활동을 신청합니다.

년 월 일

신청자 : ______________________(인)

사회봉사활동 계획서

활동기관명		활동학생 이 름	
기관 주소		전화번호	
활동시기		지도교수	
활동목표			

□ 활동기관 선택 동기 이유

○

○

○

□ 활동과정에서 배우고 싶은 것

○

○

○

□ 활동기관 및 학교활동지도교수에게 바라는 점

○

○

○

□ 활동계획서 작성에 대한 슈퍼비전

자원봉사자 서약서

본인은 ( ) 기관의 자원봉사자로서 다음의 사항들을 준수할 것을 서약합니다.

1. 우리는 자발적으로 참여하여 기쁜 마음으로 자원봉사 활동을 하겠습니다.
2. 우리는 자원봉사 활동을 통해서 서로 배우고 더불어 살아가는 정신을 배우도록 하겠습니다.
3. 우리는 생명의 귀중함과 모든 사람은 평등하다는 것을 알며 상대방의 입장을 이해하는 자세로 활동에 임하겠습니다.
4. 우리는 자기발전을 위해 배우는 마음으로 성실하게 자원봉사활동을 하겠습니다.
5. 우리는 자원봉사 활동을 통해 알게 된 대상자의 비밀은 절대로 지키도록 하겠습니다.
6. 우리는 자원봉사 활동을 통해 서로 신회하며 정이 넘치는 사회를 위해 노력하겠습니다.
7. 우리는 자원봉사 활동을 하는데 있어서 약속은 꼭 지키도록 하겠습니다.
8. 우리는 자원봉사를 통해 자기발전을 하도록 노력하겠습니다.
9. 우리는 다른 사람에게 폐가 되는 어떠한 행동도 하지 아니하며 작은 것이라도 남에게 기쁨을 주는 행동을 하겠습니다.
10. 우리는 항상 감사한 마음으로 양보하는 마음을 생활의 신조로 삼아 일상생활에 이어지도록 노력하겠습니다.

20 년 월

성 명 :

사회봉사 일일활동 일지

<table>
<tr><td>소 속
(학 과)</td><td colspan="5">학과 / 학부</td></tr>
<tr><td>학 번</td><td colspan="2"></td><td>이 름</td><td colspan="2"></td></tr>
<tr><td>활동구분</td><td colspan="2">( )주차 1회기</td><td colspan="3">□ 개인활동 □ 단체활동 (2인 이상)</td></tr>
<tr><td>동행인원</td><td colspan="5">※ 단체 활동 체크 인원만 해당
□ 동행 인원( )명
□ 동행자 성명 : , , , , .</td></tr>
<tr><td>활동 기관</td><td colspan="5">기관명, 기관 위치(주소) 기입</td></tr>
<tr><td>일시</td><td colspan="2">20 . . .</td><td>활동시간</td><td colspan="2">: ~ : (시간)</td></tr>
<tr><td rowspan="7">실 습
일 정</td><td>시간</td><td colspan="3">내용</td><td>비고</td></tr>
<tr><td>: ~ :</td><td colspan="3"></td><td></td></tr>
<tr><td>: ~ :</td><td colspan="3"></td><td></td></tr>
<tr><td>: ~ :</td><td colspan="3"></td><td></td></tr>
<tr><td>: ~ :</td><td colspan="3"></td><td></td></tr>
<tr><td>: ~ :</td><td colspan="3"></td><td></td></tr>
<tr><td>: ~ :</td><td colspan="3"></td><td></td></tr>
<tr><td>자가평가</td><td colspan="5"></td></tr>
<tr><td rowspan="2">확 인 란</td><td colspan="3">수 강 생</td><td colspan="2">기관 담당자</td></tr>
<tr><td colspan="3">성명 : (서명)</td><td colspan="2">성명 : (서명)</td></tr>
</table>

활동을 통하여 배운 점

앞으로 더 필요한 지식과 기술

활동을 하면서 어려웠던 점

학교나 기관 지도자에게 건의할 점

사회봉사 일일활동 평가서

오늘 활동에 대해서 나 스스로 점검해보는 시간입니다.
오늘 무엇을 어떻게 했는지 잠시 생각해보고 물음에 진지하고 솔직하게 답합시다!

• 자기 생각이나 느낌과 가장 비슷한 번호에 ✔표 해주시고, 질문에는 구체적으로 답해 주세요!

1. 오늘 활동에 대해 얼마나 만족하시나요?

① 매우 만족 ( ) ② 약간 만족 ( ) ③ 그저 그렇다 ( )
④ 약간 불만족 ( ) ⑤ 매우 불만족 ( )

2. 위 문항에서 선택한 항목을 선택한 이유를 솔직하게 적어주세요.

3. 오늘 활동에서 자신의 감정을 가장 잘 표현한 모든 단어에 V표 해주세요.

① 흥미로움 ( ) ② 따분함 ( ) ③ 우울함 ( ) ④ 재미있음 ( )
⑤ 편안함 ( ) ⑥ 기분 나쁨 ( ) ⑦ 기타 ( )

4. 오늘 활동에서 자신이 얼마나 열심히 활동에 참여하고 기여했나요?

① 아주 많이 ( ) ② 약간 많이 ( ) ③ 보 통 ( )
④ 조 금 ( ) ⑤ 전혀 안함 ( )

5. 오늘 활동은 자신에게 얼마나 도움이 되었나요?

① 매우 도움 ( ) ② 약간 도움 ( ) ③ 그저 그렇다 ( )
④ 별로 도움 안됨 ( ) ⑤ 전혀 도움 안됨 ( )

6. 소중한 당신! 하고 싶은 말을 자유롭게 표현해 주세요!

사회봉사 일일활동 일지

<table>
<tr><td>소 속
(학 과)</td><td colspan="5">학과 / 학부</td></tr>
<tr><td>학 번</td><td colspan="2"></td><td>이 름</td><td colspan="2"></td></tr>
<tr><td>활동구분</td><td colspan="2">( )주차 2회기</td><td colspan="3">☐ 개인활동 ☐ 단체활동 (2인 이상)</td></tr>
<tr><td>동행인원</td><td colspan="5">※ 단체 활동 체크 인원만 해당
☐ 동행 인원( )명
☐ 동행자 성명 : , , , , .</td></tr>
<tr><td>활동 기관</td><td colspan="5">기관명, 기관 위치(주소) 기입</td></tr>
<tr><td>일 시</td><td colspan="2">20 . . .</td><td>활동시간</td><td colspan="2">: ~ : (시간)</td></tr>
<tr><td rowspan="7">실 습 일 정</td><td>시간</td><td colspan="3">내용</td><td>비고</td></tr>
<tr><td>: ~ :</td><td colspan="3"></td><td></td></tr>
<tr><td>: ~ :</td><td colspan="3"></td><td></td></tr>
<tr><td>: ~ :</td><td colspan="3"></td><td></td></tr>
<tr><td>: ~ :</td><td colspan="3"></td><td></td></tr>
<tr><td>: ~ :</td><td colspan="3"></td><td></td></tr>
<tr><td>: ~ :</td><td colspan="3"></td><td></td></tr>
<tr><td>자 가 평 가</td><td colspan="5"></td></tr>
<tr><td rowspan="2">확 인 란</td><td colspan="2">수 강 생</td><td colspan="3">기관 담당자</td></tr>
<tr><td colspan="2">성명 : (서명)</td><td colspan="3">성명 : (서명)</td></tr>
</table>

활동을 통하여 배운 점

앞으로 더 필요한 지식과 기술

활동을 하면서 어려웠던 점

학교나 기관 지도자에게 건의할 점

사회봉사 일일활동 평가서

오늘 활동에 대해서 나 스스로 점검해보는 시간입니다.
오늘 무엇을 어떻게 했는지 잠시 생각해보고 물음에 진지하고 솔직하게 답합시다!

• 자기 생각이나 느낌과 가장 비슷한 번호에 ✔표 해주시고, 질문에는 구체적으로 답해주세요!

1. 오늘 활동에 대해 얼마나 만족하시나요?

① 매우 만족 ( ) ② 약간 만족 ( ) ③ 그저 그렇다 ( )
④ 약간 불만족 ( ) ⑤ 매우 불만족 ( )

2. 위 문항에서 선택한 항목을 선택한 이유를 솔직하게 적어주세요.

3. 오늘 활동에서 자신의 감정을 가장 잘 표현한 모든 단어에 V표 해주세요.

① 흥미로움 ( ) ② 따분함 ( ) ③ 우울함 ( ) ④ 재미있음 ( )
⑤ 편안함 ( ) ⑥ 기분 나쁨 ( ) ⑦ 기타 ( )

4. 오늘 활동에서 자신이 얼마나 열심히 활동에 참여하고 기여했나요?

① 아주 많이 ( ) ② 약간 많이 ( ) ③ 보 통 ( )
④ 조 금 ( ) ⑤ 전혀 안함 ( )

5. 오늘 활동은 자신에게 얼마나 도움이 되었나요?

① 매우 도움 ( ) ② 약간 도움 ( ) ③ 그저 그렇다 ( )
④ 별로 도움 안됨 ( ) ⑤ 전혀 도움 안됨 ( )

6. 소중한 당신! 하고 싶은 말을 자유롭게 표현해 주세요!

사회봉사 일일활동 일지

<table>
<tr><td>소 속
(학 과)</td><td colspan="5">학과 / 학부</td></tr>
<tr><td>학 번</td><td colspan="2"></td><td>이 름</td><td colspan="2"></td></tr>
<tr><td>활동구분</td><td colspan="2">( )주차 3회기</td><td colspan="3">□ 개인활동 □ 단체활동 (2인 이상)</td></tr>
<tr><td>동행인원</td><td colspan="5">※ 단체 활동 체크 인원만 해당
□ 동행 인원( )명
□ 동행자 성명 : , , , , .</td></tr>
<tr><td>활동 기관</td><td colspan="5">기관명, 기관 위치(주소) 기입</td></tr>
<tr><td>일 시</td><td colspan="2">20 . . .</td><td>활동시간</td><td colspan="2">: ~ : (시간)</td></tr>
<tr><td rowspan="7">실 습 일 정</td><td>시간</td><td colspan="3">내용</td><td>비고</td></tr>
<tr><td>: ~ :</td><td colspan="3"></td><td></td></tr>
<tr><td>: ~ :</td><td colspan="3"></td><td></td></tr>
<tr><td>: ~ :</td><td colspan="3"></td><td></td></tr>
<tr><td>: ~ :</td><td colspan="3"></td><td></td></tr>
<tr><td>: ~ :</td><td colspan="3"></td><td></td></tr>
<tr><td>: ~ :</td><td colspan="3"></td><td></td></tr>
<tr><td>자 가 평 가</td><td colspan="5"></td></tr>
<tr><td rowspan="2">확 인 란</td><td colspan="2">수 강 생</td><td colspan="3">기관 담당자</td></tr>
<tr><td colspan="2">성명 : (서명)</td><td colspan="3">성명 : (서명)</td></tr>
</table>

활동을 통하여 배운 점

앞으로 더 필요한 지식과 기술

활동을 하면서 어려웠던 점

학교나 기관 지도자에게 건의할 점

사회봉사 일일활동 평가서

오늘 활동에 대해서 나 스스로 점검해보는 시간입니다.
오늘 무엇을 어떻게 했는지 잠시 생각해보고 물음에 진지하고 솔직하게 답합시다!

• 자기 생각이나 느낌과 가장 비슷한 번호에 ✔표 해주시고, 질문에는 구체적으로 답해 주세요!

1. 오늘 활동에 대해 얼마나 만족하시나요?

① 매우 만족 ( ) ② 약간 만족 ( ) ③ 그저 그렇다 ( )
④ 약간 불만족 ( ) ⑤ 매우 불만족 ( )

2. 위 문항에서 선택한 항목을 선택한 이유를 솔직하게 적어주세요.

3. 오늘 활동에서 자신의 감정을 가장 잘 표현한 모든 단어에 V표 해주세요.

① 흥미로움 ( ) ② 따분함 ( ) ③ 우울함 ( ) ④ 재미있음 ( )
⑤ 편안함 ( ) ⑥ 기분 나쁨 ( ) ⑦ 기타 ( )

4. 오늘 활동에서 자신이 얼마나 열심히 활동에 참여하고 기여했나요?

① 아주 많이 ( ) ② 약간 많이 ( ) ③ 보 통 ( )
④ 조 금 ( ) ⑤ 전혀 안함 ( )

5. 오늘 활동은 자신에게 얼마나 도움이 되었나요?

① 매우 도움 ( ) ② 약간 도움 ( ) ③ 그저 그렇다 ( )
④ 별로 도움 안됨 ( ) ⑤ 전혀 도움 안됨 ( )

6. 소중한 당신! 하고 싶은 말을 자유롭게 표현해 주세요!

사회봉사 일일활동 일지

<table>
<tr><td>소 속
(학 과)</td><td colspan="4">학과 / 학부</td></tr>
<tr><td>학 번</td><td></td><td>이 름</td><td colspan="2"></td></tr>
<tr><td>활동구분</td><td>( )주차 4회기</td><td colspan="3">□ 개인활동 □ 단체활동 (2인 이상)</td></tr>
<tr><td>동행인원</td><td colspan="4">※ 단체 활동 체크 인원만 해당
□ 동행 인원( )명
□ 동행자 성명 : , , , , .</td></tr>
<tr><td>활동 기관</td><td colspan="4">기관명, 기관 위치(주소) 기입</td></tr>
<tr><td>일 시</td><td>20 . . .</td><td>활동시간</td><td colspan="2">: ~ : (시간)</td></tr>
<tr><td rowspan="7">실 습 일 정</td><td>시간</td><td colspan="2">내용</td><td>비고</td></tr>
<tr><td>: ~ :</td><td colspan="2"></td><td></td></tr>
<tr><td>: ~ :</td><td colspan="2"></td><td></td></tr>
<tr><td>: ~ :</td><td colspan="2"></td><td></td></tr>
<tr><td>: ~ :</td><td colspan="2"></td><td></td></tr>
<tr><td>: ~ :</td><td colspan="2"></td><td></td></tr>
<tr><td>: ~ :</td><td colspan="2"></td><td></td></tr>
<tr><td>자 가 평 가</td><td colspan="4"></td></tr>
<tr><td rowspan="2">확 인 란</td><td colspan="2">수 강 생</td><td colspan="2">기관 담당자</td></tr>
<tr><td colspan="2">성명 : (서명)</td><td colspan="2">성명 : (서명)</td></tr>
</table>

활동을 통하여 배운 점

앞으로 더 필요한 지식과 기술

활동을 하면서 어려웠던 점

학교나 기관 지도자에게 건의할 점

사회봉사 일일활동 평가서

오늘 활동에 대해서 나 스스로 점검해보는 시간입니다.
오늘 무엇을 어떻게 했는지 잠시 생각해보고 물음에 진지하고 솔직하게 답합시다!

• 자기 생각이나 느낌과 가장 비슷한 번호에 ✔표 해주시고, 질문에는 구체적으로 답해 주세요!

1. 오늘 활동에 대해 얼마나 만족하시나요?

① 매우 만족 ( ) ② 약간 만족 ( ) ③ 그저 그렇다 ( )
④ 약간 불만족 ( ) ⑤ 매우 불만족 ( )

2. 위 문항에서 선택한 항목을 선택한 이유를 솔직하게 적어주세요.

3. 오늘 활동에서 자신의 감정을 가장 잘 표현한 모든 단어에 V표 해주세요.

① 흥미로움 ( ) ② 따분함 ( ) ③ 우울함 ( ) ④ 재미있음 ( )
⑤ 편안함 ( ) ⑥ 기분 나쁨 ( ) ⑦ 기타 ( )

4. 오늘 활동에서 자신이 얼마나 열심히 활동에 참여하고 기여했나요?

① 아주 많이 ( ) ② 약간 많이 ( ) ③ 보 통 ( )
④ 조 금 ( ) ⑤ 전혀 안함 ( )

5. 오늘 활동은 자신에게 얼마나 도움이 되었나요?

① 매우 도움 ( ) ② 약간 도움 ( ) ③ 그저 그렇다 ( )
④ 별로 도움 안됨 ( ) ⑤ 전혀 도움 안됨 ( )

6. 소중한 당신! 하고 싶은 말을 자유롭게 표현해 주세요!

사회봉사 일일활동 일지

<table>
<tr><td>소 속
(학 과)</td><td colspan="5">학과 / 학부</td></tr>
<tr><td>학 번</td><td colspan="2"></td><td>이 름</td><td colspan="2"></td></tr>
<tr><td>활동구분</td><td colspan="2">( )주차 5회기</td><td colspan="3">□ 개인활동 □ 단체활동 (2인 이상)</td></tr>
<tr><td>동행인원</td><td colspan="5">※ 단체 활동 체크 인원만 해당
□ 동행 인원( )명
□ 동행자 성명 : , , , .</td></tr>
<tr><td>활동 기관</td><td colspan="5">기관명, 기관 위치(주소) 기입</td></tr>
<tr><td>일 시</td><td colspan="2">20 . . .</td><td>활동시간</td><td colspan="2">: ~ : (시간)</td></tr>
<tr><td rowspan="7">실 습 일 정</td><td>시간</td><td colspan="3">내용</td><td>비고</td></tr>
<tr><td>: ~ :</td><td colspan="3"></td><td></td></tr>
<tr><td>: ~ :</td><td colspan="3"></td><td></td></tr>
<tr><td>: ~ :</td><td colspan="3"></td><td></td></tr>
<tr><td>: ~ :</td><td colspan="3"></td><td></td></tr>
<tr><td>: ~ :</td><td colspan="3"></td><td></td></tr>
<tr><td>: ~ :</td><td colspan="3"></td><td></td></tr>
<tr><td>자 가 평 가</td><td colspan="5"></td></tr>
<tr><td rowspan="2">확 인 란</td><td colspan="2">수 강 생</td><td colspan="3">기관 담당자</td></tr>
<tr><td colspan="2">성명 : (서명)</td><td colspan="3">성명 : (서명)</td></tr>
</table>

활동을 통하여 배운 점
앞으로 더 필요한 지식과 기술
활동을 하면서 어려웠던 점
학교나 기관 지도자에게 건의할 점

사회봉사 일일활동 평가서

오늘 활동에 대해서 나 스스로 점검해보는 시간입니다. 오늘 무엇을 어떻게 했는지 잠시 생각해보고 물음에 진지하고 솔직하게 답합시다!

• 자기 생각이나 느낌과 가장 비슷한 번호에 ✔표 해주시고, 질문에는 구체적으로 답해 주세요!

1. 오늘 활동에 대해 얼마나 만족하시나요?
① 매우 만족 ( ) ② 약간 만족 ( ) ③ 그저 그렇다 ( ) ④ 약간 불만족 ( ) ⑤ 매우 불만족 ( )
2. 위 문항에서 선택한 항목을 선택한 이유를 솔직하게 적어주세요.
3. 오늘 활동에서 자신의 감정을 가장 잘 표현한 모든 단어에 V표 해주세요.
① 흥미로움 ( ) ② 따분함 ( ) ③ 우울함 ( ) ④ 재미있음 ( ) ⑤ 편안함 ( ) ⑥ 기분 나쁨 ( ) ⑦ 기타 ( )
4. 오늘 활동에서 자신이 얼마나 열심히 활동에 참여하고 기여했나요?
① 아주 많이 ( ) ② 약간 많이 ( ) ③ 보 통 ( ) ④ 조 금 ( ) ⑤ 전혀 안함 ( )
5. 오늘 활동은 자신에게 얼마나 도움이 되었나요?
① 매우 도움 ( ) ② 약간 도움 ( ) ③ 그저 그렇다 ( ) ④ 별로 도움 안됨 ( ) ⑤ 전혀 도움 안됨 ( )
6. 소중한 당신! 하고 싶은 말을 자유롭게 표현해 주세요!

사회봉사 일일활동 일지

<table>
<tr><td>소 속
(학 과)</td><td colspan="4">학과 / 학부</td></tr>
<tr><td>학 번</td><td></td><td>이 름</td><td colspan="2"></td></tr>
<tr><td>활동구분</td><td>( )주차 6회기</td><td colspan="3">☐ 개인활동 ☐ 단체활동 (2인 이상)</td></tr>
<tr><td>동행인원</td><td colspan="4">※ 단체 활동 체크 인원만 해당
☐ 동행 인원( )명
☐ 동행자 성명 : , , , , .</td></tr>
<tr><td>활동 기관</td><td colspan="4">기관명, 기관 위치(주소) 기입</td></tr>
<tr><td>일 시</td><td>20 . . .</td><td>활동시간</td><td colspan="2">: ~ : (시간)</td></tr>
<tr><td rowspan="7">실 습 일 정</td><td>시간</td><td colspan="2">내용</td><td>비고</td></tr>
<tr><td>: ~ :</td><td colspan="2"></td><td></td></tr>
<tr><td>: ~ :</td><td colspan="2"></td><td></td></tr>
<tr><td>: ~ :</td><td colspan="2"></td><td></td></tr>
<tr><td>: ~ :</td><td colspan="2"></td><td></td></tr>
<tr><td>: ~ :</td><td colspan="2"></td><td></td></tr>
<tr><td>: ~ :</td><td colspan="2"></td><td></td></tr>
<tr><td>자 가 평 가</td><td colspan="4"></td></tr>
<tr><td rowspan="2">확 인 란</td><td colspan="2">수 강 생</td><td colspan="2">기관 담당자</td></tr>
<tr><td colspan="2">성명 : (서명)</td><td colspan="2">성명 : (서명)</td></tr>
</table>

활동을 통하여 배운 점
앞으로 더 필요한 지식과 기술
활동을 하면서 어려웠던 점
학교나 기관 지도자에게 건의할 점

사회봉사 일일활동 평가서

오늘 활동에 대해서 나 스스로 점검해보는 시간입니다.
오늘 무엇을 어떻게 했는지 잠시 생각해보고 물음에 진지하고 솔직하게 답합시다!

• 자기 생각이나 느낌과 가장 비슷한 번호에 ✔표 해주시고, 질문에는 구체적으로 답해 주세요!

1. 오늘 활동에 대해 얼마나 만족하시나요?

① 매우 만족 ( ) ② 약간 만족 ( ) ③ 그저 그렇다 ( )
④ 약간 불만족 ( ) ⑤ 매우 불만족 ( )

2. 위 문항에서 선택한 항목을 선택한 이유를 솔직하게 적어주세요.

3. 오늘 활동에서 자신의 감정을 가장 잘 표현한 모든 단어에 V표 해주세요.

① 흥미로움 ( ) ② 따분함 ( ) ③ 우울함 ( ) ④ 재미있음 ( )
⑤ 편안함 ( ) ⑥ 기분 나쁨 ( ) ⑦ 기타 ( )

4. 오늘 활동에서 자신이 얼마나 열심히 활동에 참여하고 기여했나요?

① 아주 많이 ( ) ② 약간 많이 ( ) ③ 보 통 ( )
④ 조 금 ( ) ⑤ 전혀 안함 ( )

5. 오늘 활동은 자신에게 얼마나 도움이 되었나요?

① 매우 도움 ( ) ② 약간 도움 ( ) ③ 그저 그렇다 ( )
④ 별로 도움 안됨 ( ) ⑤ 전혀 도움 안됨 ( )

6. 소중한 당신! 하고 싶은 말을 자유롭게 표현해 주세요!

사회봉사 일일활동 일지

<table>
<tr><td>소 속
(학 과)</td><td colspan="5">학과 / 학부</td></tr>
<tr><td>학 번</td><td colspan="2"></td><td>이 름</td><td colspan="2"></td></tr>
<tr><td>활동구분</td><td colspan="2">( )주차 7회기</td><td colspan="3">☐ 개인활동 ☐ 단체활동 (2인 이상)</td></tr>
<tr><td>동행인원</td><td colspan="5">※ 단체 활동 체크 인원만 해당
☐ 동행 인원( )명
☐ 동행자 성명 : , , , , .</td></tr>
<tr><td>활동 기관</td><td colspan="5">기관명, 기관 위치(주소) 기입</td></tr>
<tr><td>일 시</td><td colspan="2">20 . . .</td><td>활동시간</td><td colspan="2">: ~ : (시간)</td></tr>
<tr><td rowspan="7">실 습 일 정</td><td>시간</td><td colspan="3">내용</td><td>비고</td></tr>
<tr><td>: ~ :</td><td colspan="3"></td><td></td></tr>
<tr><td>: ~ :</td><td colspan="3"></td><td></td></tr>
<tr><td>: ~ :</td><td colspan="3"></td><td></td></tr>
<tr><td>: ~ :</td><td colspan="3"></td><td></td></tr>
<tr><td>: ~ :</td><td colspan="3"></td><td></td></tr>
<tr><td>: ~ :</td><td colspan="3"></td><td></td></tr>
<tr><td>자 가 평 가</td><td colspan="5"></td></tr>
<tr><td rowspan="2">확 인 란</td><td colspan="2">수 강 생</td><td colspan="3">기관 담당자</td></tr>
<tr><td colspan="2">성명 : (서명)</td><td colspan="3">성명 : (서명)</td></tr>
</table>

활동을 통하여 배운 점
앞으로 더 필요한 지식과 기술
활동을 하면서 어려웠던 점
학교나 기관 지도자에게 건의할 점

사회봉사 일일활동 평가서

오늘 활동에 대해서 나 스스로 점검해보는 시간입니다.
오늘 무엇을 어떻게 했는지 잠시 생각해보고 물음에 진지하고 솔직하게 답합시다!

• 자기 생각이나 느낌과 가장 비슷한 번호에 ✔표 해주시고, 질문에는 구체적으로 답해 주세요!

1. 오늘 활동에 대해 얼마나 만족하시나요?

① 매우 만족 ( ) ② 약간 만족 ( ) ③ 그저 그렇다 ( )
④ 약간 불만족 ( ) ⑤ 매우 불만족 ( )

2. 위 문항에서 선택한 항목을 선택한 이유를 솔직하게 적어주세요.

3. 오늘 활동에서 자신의 감정을 가장 잘 표현한 모든 단어에 V표 해주세요.

① 흥미로움 ( ) ② 따분함 ( ) ③ 우울함 ( ) ④ 재미있음 ( )
⑤ 편안함 ( ) ⑥ 기분 나쁨 ( ) ⑦ 기타 ( )

4. 오늘 활동에서 자신이 얼마나 열심히 활동에 참여하고 기여했나요?

① 아주 많이 ( ) ② 약간 많이 ( ) ③ 보 통 ( )
④ 조 금 ( ) ⑤ 전혀 안함 ( )

5. 오늘 활동은 자신에게 얼마나 도움이 되었나요?

① 매우 도움 ( ) ② 약간 도움 ( ) ③ 그저 그렇다 ( )
④ 별로 도움 안됨 ( ) ⑤ 전혀 도움 안됨 ( )

6. 소중한 당신! 하고 싶은 말을 자유롭게 표현해 주세요!

사회봉사활동 중간보고서

☐ 활동개요

사회봉사학생이름	
활동기관명	
활 동 기 간	
지 도 교 수	

☐ 자원봉사활동 학생의 자기평가

평 가 항 목	수 준 별				
	5	4	3	2	1
자원봉사활동에 대한 사전준비					
자원봉사활동의 출석상황					
활동자세 및 태도(자발성/적극성/책임감 등)					
개인의 활동목표에 대한 평가					
기관의 실무자와의 관계					
대상자와의 관계					

☐ 현재까지 활동하면서 발견한 자신의 강점과 약점

☐ 현재까지 활동하면서 자신의 변화되고 성장한 점

☐ 활동을 통하여 얻고자 하는 바를 처음 의도한 것과 비교하여 달성한 정도

☐ 현재까지 활동하면서 가장 좋았던 점과 힘들었던 점

☐ 기관과 학교에 대한 건의사항

사회봉사 일일활동 일지

<table>
<tr><td>소 속
(학 과)</td><td colspan="4">학과 / 학부</td></tr>
<tr><td>학 번</td><td></td><td>이 름</td><td colspan="2"></td></tr>
<tr><td>활동구분</td><td>( )주차 8회기</td><td colspan="3">□ 개인활동 □ 단체활동 (2인 이상)</td></tr>
<tr><td>동행인원</td><td colspan="4">※ 단체 활동 체크 인원만 해당
□ 동행 인원( )명
□ 동행자 성명 : , , , , .</td></tr>
<tr><td>활동 기관</td><td colspan="4">기관명, 기관 위치(주소) 기입</td></tr>
<tr><td>일 시</td><td>20 . . .</td><td>활동시간</td><td colspan="2">: ~ : (시간)</td></tr>
<tr><td rowspan="7">실 습 일 정</td><td>시간</td><td colspan="2">내용</td><td>비고</td></tr>
<tr><td>: ~ :</td><td colspan="2"></td><td></td></tr>
<tr><td>: ~ :</td><td colspan="2"></td><td></td></tr>
<tr><td>: ~ :</td><td colspan="2"></td><td></td></tr>
<tr><td>: ~ :</td><td colspan="2"></td><td></td></tr>
<tr><td>: ~ :</td><td colspan="2"></td><td></td></tr>
<tr><td>: ~ :</td><td colspan="2"></td><td></td></tr>
<tr><td>자 가 평 가</td><td colspan="4"></td></tr>
<tr><td rowspan="2">확 인 란</td><td colspan="2">수 강 생</td><td colspan="2">기관 담당자</td></tr>
<tr><td colspan="2">성명 : (서명)</td><td colspan="2">성명 : (서명)</td></tr>
</table>

활동을 통하여 배운 점

앞으로 더 필요한 지식과 기술

활동을 하면서 어려웠던 점

학교나 기관 지도자에게 건의할 점

사회봉사 일일활동 평가서

오늘 활동에 대해서 나 스스로 점검해보는 시간입니다.
오늘 무엇을 어떻게 했는지 잠시 생각해보고 물음에 진지하고 솔직하게 답합시다!

• 자기 생각이나 느낌과 가장 비슷한 번호에 ✔표 해주시고, 질문에는 구체적으로 답해 주세요!

1. 오늘 활동에 대해 얼마나 만족하시나요?

① 매우 만족 ( ) ② 약간 만족 ( ) ③ 그저 그렇다 ( )
④ 약간 불만족 ( ) ⑤ 매우 불만족 ( )

2. 위 문항에서 선택한 항목을 선택한 이유를 솔직하게 적어주세요.

3. 오늘 활동에서 자신의 감정을 가장 잘 표현한 모든 단어에 V표 해주세요.

① 흥미로움 ( ) ② 따분함 ( ) ③ 우울함 ( ) ④ 재미있음 ( )
⑤ 편안함 ( ) ⑥ 기분 나쁨 ( ) ⑦ 기타 ( )

4. 오늘 활동에서 자신이 얼마나 열심히 활동에 참여하고 기여했나요?

① 아주 많이 ( ) ② 약간 많이 ( ) ③ 보 통 ( )
④ 조 금 ( ) ⑤ 전혀 안함 ( )

5. 오늘 활동은 자신에게 얼마나 도움이 되었나요?

① 매우 도움 ( ) ② 약간 도움 ( ) ③ 그저 그렇다 ( )
④ 별로 도움 안됨 ( ) ⑤ 전혀 도움 안됨 ( )

6. 소중한 당신! 하고 싶은 말을 자유롭게 표현해 주세요!

사회봉사 일일활동 일지

<table>
<tr><td>소 속
(학 과)</td><td colspan="5">학과 / 학부</td></tr>
<tr><td>학 번</td><td colspan="2"></td><td>이 름</td><td colspan="2"></td></tr>
<tr><td>활동구분</td><td colspan="2">( )주차 9회기</td><td colspan="3">□ 개인활동 □ 단체활동 (2인 이상)</td></tr>
<tr><td>동행인원</td><td colspan="5">※ 단체 활동 체크 인원만 해당
□ 동행 인원( )명
□ 동행자 성명 : , , , , .</td></tr>
<tr><td>활동 기관</td><td colspan="5">기관명, 기관 위치(주소) 기입</td></tr>
<tr><td>일 시</td><td colspan="2">20 . . .</td><td>활동시간</td><td colspan="2">: ~ : (시간)</td></tr>
<tr><td rowspan="7">실 습 일 정</td><td>시간</td><td colspan="3">내용</td><td>비고</td></tr>
<tr><td>: ~ :</td><td colspan="3"></td><td></td></tr>
<tr><td>: ~ :</td><td colspan="3"></td><td></td></tr>
<tr><td>: ~ :</td><td colspan="3"></td><td></td></tr>
<tr><td>: ~ :</td><td colspan="3"></td><td></td></tr>
<tr><td>: ~ :</td><td colspan="3"></td><td></td></tr>
<tr><td>: ~ :</td><td colspan="3"></td><td></td></tr>
<tr><td>자 가 평 가</td><td colspan="5"></td></tr>
<tr><td rowspan="2">확 인 란</td><td colspan="2">수 강 생</td><td colspan="3">기관 담당자</td></tr>
<tr><td colspan="2">성명 : (서명)</td><td colspan="3">성명 : (서명)</td></tr>
</table>

활동을 통하여 배운 점

앞으로 더 필요한 지식과 기술

활동을 하면서 어려웠던 점

학교나 기관 지도자에게 건의할 점

사회봉사 일일활동 평가서

오늘 활동에 대해서 나 스스로 점검해보는 시간입니다.
오늘 무엇을 어떻게 했는지 잠시 생각해보고 물음에 진지하고 솔직하게 답합시다!

• 자기 생각이나 느낌과 가장 비슷한 번호에 ✔표 해주시고, 질문에는 구체적으로 답해 주세요!

1. 오늘 활동에 대해 얼마나 만족하시나요?

① 매우 만족 ( ) ② 약간 만족 ( ) ③ 그저 그렇다 ( )
④ 약간 불만족 ( ) ⑤ 매우 불만족 ( )

2. 위 문항에서 선택한 항목을 선택한 이유를 솔직하게 적어주세요.

3. 오늘 활동에서 자신의 감정을 가장 잘 표현한 모든 단어에 V표 해주세요.

① 흥미로움 ( ) ② 따분함 ( ) ③ 우울함 ( ) ④ 재미있음 ( )
⑤ 편안함 ( ) ⑥ 기분 나쁨 ( ) ⑦ 기타 ( )

4. 오늘 활동에서 자신이 얼마나 열심히 활동에 참여하고 기여했나요?

① 아주 많이 ( ) ② 약간 많이 ( ) ③ 보 통 ( )
④ 조 금 ( ) ⑤ 전혀 안함 ( )

5. 오늘 활동은 자신에게 얼마나 도움이 되었나요?

① 매우 도움 ( ) ② 약간 도움 ( ) ③ 그저 그렇다 ( )
④ 별로 도움 안됨 ( ) ⑤ 전혀 도움 안됨 ( )

6. 소중한 당신! 하고 싶은 말을 자유롭게 표현해 주세요!

사회봉사 일일활동 일지

<table>
<tr><td>소 속
(학 과)</td><td colspan="5">학과 / 학부</td></tr>
<tr><td>학 번</td><td colspan="2"></td><td>이 름</td><td colspan="2"></td></tr>
<tr><td>활동구분</td><td colspan="2">( )주차 10회기</td><td colspan="3">□ 개인활동 □ 단체활동 (2인 이상)</td></tr>
<tr><td>동행인원</td><td colspan="5">※ 단체 활동 체크 인원만 해당
□ 동행 인원( )명
□ 동행자 성명 : , , , , .</td></tr>
<tr><td>활동 기관</td><td colspan="5">기관명, 기관 위치(주소) 기입</td></tr>
<tr><td>일 시</td><td colspan="2">20 . . .</td><td>활동시간</td><td colspan="2">: ~ : (시간)</td></tr>
<tr><td rowspan="7">실 습 일 정</td><td>시간</td><td colspan="3">내용</td><td>비고</td></tr>
<tr><td>: ~ :</td><td colspan="3"></td><td></td></tr>
<tr><td>: ~ :</td><td colspan="3"></td><td></td></tr>
<tr><td>: ~ :</td><td colspan="3"></td><td></td></tr>
<tr><td>: ~ :</td><td colspan="3"></td><td></td></tr>
<tr><td>: ~ :</td><td colspan="3"></td><td></td></tr>
<tr><td>: ~ :</td><td colspan="3"></td><td></td></tr>
<tr><td>자 가 평 가</td><td colspan="5"></td></tr>
<tr><td rowspan="2">확 인 란</td><td colspan="3">수 강 생</td><td colspan="2">기관 담당자</td></tr>
<tr><td colspan="3">성명 : (서명)</td><td colspan="2">성명 : (서명)</td></tr>
</table>

활동을 통하여 배운 점
앞으로 더 필요한 지식과 기술
활동을 하면서 어려웠던 점
학교나 기관 지도자에게 건의할 점

사회봉사 일일활동 평가서

오늘 활동에 대해서 나 스스로 점검해보는 시간입니다.
오늘 무엇을 어떻게 했는지 잠시 생각해보고 물음에 진지하고 솔직하게 답합시다!

• 자기 생각이나 느낌과 가장 비슷한 번호에 ✔표 해주시고, 질문에는 구체적으로 답해 주세요!

1. 오늘 활동에 대해 얼마나 만족하시나요?

① 매우 만족 ( ) ② 약간 만족 ( ) ③ 그저 그렇다 ( )
④ 약간 불만족 ( ) ⑤ 매우 불만족 ( )

2. 위 문항에서 선택한 항목을 선택한 이유를 솔직하게 적어주세요.

3. 오늘 활동에서 자신의 감정을 가장 잘 표현한 모든 단어에 V표 해주세요.

① 흥미로움 ( ) ② 따분함 ( ) ③ 우울함 ( ) ④ 재미있음 ( )
⑤ 편안함 ( ) ⑥ 기분 나쁨 ( ) ⑦ 기타 ( )

4. 오늘 활동에서 자신이 얼마나 열심히 활동에 참여하고 기여했나요?

① 아주 많이 ( ) ② 약간 많이 ( ) ③ 보 통 ( )
④ 조 금 ( ) ⑤ 전혀 안함 ( )

5. 오늘 활동은 자신에게 얼마나 도움이 되었나요?

① 매우 도움 ( ) ② 약간 도움 ( ) ③ 그저 그렇다 ( )
④ 별로 도움 안됨 ( ) ⑤ 전혀 도움 안됨 ( )

6. 소중한 당신! 하고 싶은 말을 자유롭게 표현해 주세요!

사회봉사 일일활동 일지

<table>
<tr><td>소 속
(학 과)</td><td colspan="5">학과 / 학부</td></tr>
<tr><td>학 번</td><td colspan="2"></td><td>이 름</td><td colspan="2"></td></tr>
<tr><td>활동구분</td><td colspan="2">( )주차 11회기</td><td colspan="3">☐ 개인활동 ☐ 단체활동 (2인 이상)</td></tr>
<tr><td>동행인원</td><td colspan="5">※ 단체 활동 체크 인원만 해당
☐ 동행 인원( )명
☐ 동행자 성명 : , , , , .</td></tr>
<tr><td>활동 기관</td><td colspan="5">기관명, 기관 위치(주소) 기입</td></tr>
<tr><td>일 시</td><td colspan="2">20 . . .</td><td>활동시간</td><td colspan="2">: ~ : (시간)</td></tr>
<tr><td rowspan="7">실 습 일 정</td><td>시간</td><td colspan="3">내용</td><td>비고</td></tr>
<tr><td>: ~ :</td><td colspan="3"></td><td></td></tr>
<tr><td>: ~ :</td><td colspan="3"></td><td></td></tr>
<tr><td>: ~ :</td><td colspan="3"></td><td></td></tr>
<tr><td>: ~ :</td><td colspan="3"></td><td></td></tr>
<tr><td>: ~ :</td><td colspan="3"></td><td></td></tr>
<tr><td>: ~ :</td><td colspan="3"></td><td></td></tr>
<tr><td>자 가 평 가</td><td colspan="5"></td></tr>
<tr><td rowspan="2">확 인 란</td><td colspan="2">수 강 생</td><td colspan="3">기관 담당자</td></tr>
<tr><td colspan="2">성명 : (서명)</td><td colspan="3">성명 : (서명)</td></tr>
</table>

활동을 통하여 배운 점

앞으로 더 필요한 지식과 기술

활동을 하면서 어려웠던 점

학교나 기관 지도자에게 건의할 점

사회봉사 일일활동 평가서

오늘 활동에 대해서 나 스스로 점검해보는 시간입니다.
오늘 무엇을 어떻게 했는지 잠시 생각해보고 물음에 진지하고 솔직하게 답합시다!

• 자기 생각이나 느낌과 가장 비슷한 번호에 ✔표 해주시고, 질문에는 구체적으로 답해 주세요!

1. 오늘 활동에 대해 얼마나 만족하시나요?

① 매우 만족 ( ) ② 약간 만족 ( ) ③ 그저 그렇다 ( )
④ 약간 불만족 ( ) ⑤ 매우 불만족 ( )

2. 위 문항에서 선택한 항목을 선택한 이유를 솔직하게 적어주세요.

3. 오늘 활동에서 자신의 감정을 가장 잘 표현한 모든 단어에 V표 해주세요.

① 흥미로움 ( ) ② 따분함 ( ) ③ 우울함 ( ) ④ 재미있음 ( )
⑤ 편안함 ( ) ⑥ 기분 나쁨 ( ) ⑦ 기타 ( )

4. 오늘 활동에서 자신이 얼마나 열심히 활동에 참여하고 기여했나요?

① 아주 많이 ( ) ② 약간 많이 ( ) ③ 보 통 ( )
④ 조 금 ( ) ⑤ 전혀 안함 ( )

5. 오늘 활동은 자신에게 얼마나 도움이 되었나요?

① 매우 도움 ( ) ② 약간 도움 ( ) ③ 그저 그렇다 ( )
④ 별로 도움 안됨 ( ) ⑤ 전혀 도움 안됨 ( )

6. 소중한 당신! 하고 싶은 말을 자유롭게 표현해 주세요!

사회봉사 일일활동 일지

<table>
<tr><td>소 속
(학 과)</td><td colspan="5">학과 / 학부</td></tr>
<tr><td>학 번</td><td colspan="2"></td><td>이 름</td><td colspan="2"></td></tr>
<tr><td>활동구분</td><td colspan="2">( )주차 12회기</td><td colspan="3">☐ 개인활동 ☐ 단체활동 (2인 이상)</td></tr>
<tr><td>동행인원</td><td colspan="5">※ 단체 활동 체크 인원만 해당
☐ 동행 인원( )명
☐ 동행자 성명 : , , , , .</td></tr>
<tr><td>활동 기관</td><td colspan="5">기관명, 기관 위치(주소) 기입</td></tr>
<tr><td>일 시</td><td colspan="2">20 . . .</td><td>활동시간</td><td colspan="2">: ~ : (시간)</td></tr>
<tr><td rowspan="7">실 습 일 정</td><td>시간</td><td colspan="3">내용</td><td>비고</td></tr>
<tr><td>: ~ :</td><td colspan="3"></td><td></td></tr>
<tr><td>: ~ :</td><td colspan="3"></td><td></td></tr>
<tr><td>: ~ :</td><td colspan="3"></td><td></td></tr>
<tr><td>: ~ :</td><td colspan="3"></td><td></td></tr>
<tr><td>: ~ :</td><td colspan="3"></td><td></td></tr>
<tr><td>: ~ :</td><td colspan="3"></td><td></td></tr>
<tr><td>자 가 평 가</td><td colspan="5"></td></tr>
<tr><td rowspan="2">확 인 란</td><td colspan="2">수 강 생</td><td colspan="3">기관 담당자</td></tr>
<tr><td colspan="2">성명 : (서명)</td><td colspan="3">성명 : (서명)</td></tr>
</table>

활동을 통하여 배운 점

앞으로 더 필요한 지식과 기술

활동을 하면서 어려웠던 점

학교나 기관 지도자에게 건의할 점

사회봉사 일일활동 평가서

오늘 활동에 대해서 나 스스로 점검해보는 시간입니다. 오늘 무엇을 어떻게 했는지 잠시 생각해보고 물음에 진지하고 솔직하게 답합시다!

• 자기 생각이나 느낌과 가장 비슷한 번호에 ✔표 해주시고, 질문에는 구체적으로 답해주세요!

1. 오늘 활동에 대해 얼마나 만족하시나요?
① 매우 만족 ( ) ② 약간 만족 ( ) ③ 그저 그렇다 ( ) ④ 약간 불만족 ( ) ⑤ 매우 불만족 ( )
2. 위 문항에서 선택한 항목을 선택한 이유를 솔직하게 적어주세요.
3. 오늘 활동에서 자신의 감정을 가장 잘 표현한 모든 단어에 V표 해주세요.
① 흥미로움 ( ) ② 따분함 ( ) ③ 우울함 ( ) ④ 재미있음 ( ) ⑤ 편안함 ( ) ⑥ 기분 나쁨 ( ) ⑦ 기타 ( )
4. 오늘 활동에서 자신이 얼마나 열심히 활동에 참여하고 기여했나요?
① 아주 많이 ( ) ② 약간 많이 ( ) ③ 보 통 ( ) ④ 조 금 ( ) ⑤ 전혀 안함 ( )
5. 오늘 활동은 자신에게 얼마나 도움이 되었나요?
① 매우 도움 ( ) ② 약간 도움 ( ) ③ 그저 그렇다 ( ) ④ 별로 도움 안됨 ( ) ⑤ 전혀 도움 안됨 ( )
6. 소중한 당신! 하고 싶은 말을 자유롭게 표현해 주세요!

사회봉사 일일활동 일지

<table>
<tr><td>소 속
(학 과)</td><td colspan="4">학과 / 학부</td></tr>
<tr><td>학 번</td><td></td><td>이 름</td><td colspan="2"></td></tr>
<tr><td>활동구분</td><td>( )주차 13회기</td><td colspan="3">□ 개인활동 □ 단체활동 (2인 이상)</td></tr>
<tr><td>동행인원</td><td colspan="4">※ 단체 활동 체크 인원만 해당
□ 동행 인원( )명
□ 동행자 성명 : , , , , .</td></tr>
<tr><td>활동 기관</td><td colspan="4">기관명, 기관 위치(주소) 기입</td></tr>
<tr><td>일 시</td><td>20 . . .</td><td>활동시간</td><td colspan="2">: ~ : (시간)</td></tr>
<tr><td rowspan="7">실 습 일 정</td><td>시간</td><td colspan="2">내용</td><td>비고</td></tr>
<tr><td>: ~ :</td><td colspan="2"></td><td></td></tr>
<tr><td>: ~ :</td><td colspan="2"></td><td></td></tr>
<tr><td>: ~ :</td><td colspan="2"></td><td></td></tr>
<tr><td>: ~ :</td><td colspan="2"></td><td></td></tr>
<tr><td>: ~ :</td><td colspan="2"></td><td></td></tr>
<tr><td>: ~ :</td><td colspan="2"></td><td></td></tr>
<tr><td>자 가 평 가</td><td colspan="4"></td></tr>
<tr><td rowspan="2">확 인 란</td><td colspan="2">수 강 생</td><td colspan="2">기관 담당자</td></tr>
<tr><td colspan="2">성명 : (서명)</td><td colspan="2">성명 : (서명)</td></tr>
</table>

활동을 통하여 배운 점

앞으로 더 필요한 지식과 기술

활동을 하면서 어려웠던 점

학교나 기관 지도자에게 건의할 점

사회봉사 일일활동 평가서

오늘 활동에 대해서 나 스스로 점검해보는 시간입니다.
오늘 무엇을 어떻게 했는지 잠시 생각해보고 물음에 진지하고 솔직하게 답합시다!

• 자기 생각이나 느낌과 가장 비슷한 번호에 ✔표 해주시고, 질문에는 구체적으로 답해 주세요!

1. 오늘 활동에 대해 얼마나 만족하시나요?

① 매우 만족 ( ) ② 약간 만족 ( ) ③ 그저 그렇다 ( )
④ 약간 불만족 ( ) ⑤ 매우 불만족 ( )

2. 위 문항에서 선택한 항목을 선택한 이유를 솔직하게 적어주세요.

3. 오늘 활동에서 자신의 감정을 가장 잘 표현한 모든 단어에 V표 해주세요.

① 흥미로움 ( ) ② 따분함 ( ) ③ 우울함 ( ) ④ 재미있음 ( )
⑤ 편안함 ( ) ⑥ 기분 나쁨 ( ) ⑦ 기타 ( )

4. 오늘 활동에서 자신이 얼마나 열심히 활동에 참여하고 기여했나요?

① 아주 많이 ( ) ② 약간 많이 ( ) ③ 보 통 ( )
④ 조 금 ( ) ⑤ 전혀 안함 ( )

5. 오늘 활동은 자신에게 얼마나 도움이 되었나요?

① 매우 도움 ( ) ② 약간 도움 ( ) ③ 그저 그렇다 ( )
④ 별로 도움 안됨 ( ) ⑤ 전혀 도움 안됨 ( )

6. 소중한 당신! 하고 싶은 말을 자유롭게 표현해 주세요!

사회봉사 일일활동 일지

<table>
<tr><td>소 속
(학 과)</td><td colspan="4">학과 / 학부</td></tr>
<tr><td>학 번</td><td colspan="2"></td><td>이 름</td><td></td></tr>
<tr><td>활동구분</td><td colspan="2">( )주차 14회기</td><td colspan="2">□ 개인활동 □ 단체활동 (2인 이상)</td></tr>
<tr><td>동행인원</td><td colspan="4">※ 단체 활동 체크 인원만 해당
□ 동행 인원( )명
□ 동행자 성명 : , , , , .</td></tr>
<tr><td>활동 기관</td><td colspan="4">기관명, 기관 위치(주소) 기입</td></tr>
<tr><td>일 시</td><td colspan="2">20 . . .</td><td>활동시간</td><td>: ~ : (시간)</td></tr>
<tr><td rowspan="7">실 습 일 정</td><td>시간</td><td colspan="2">내용</td><td>비고</td></tr>
<tr><td>: ~ :</td><td colspan="2"></td><td></td></tr>
<tr><td>: ~ :</td><td colspan="2"></td><td></td></tr>
<tr><td>: ~ :</td><td colspan="2"></td><td></td></tr>
<tr><td>: ~ :</td><td colspan="2"></td><td></td></tr>
<tr><td>: ~ :</td><td colspan="2"></td><td></td></tr>
<tr><td>: ~ :</td><td colspan="2"></td><td></td></tr>
<tr><td>자 가 평 가</td><td colspan="4"></td></tr>
<tr><td rowspan="2">확 인 란</td><td colspan="2">수 강 생</td><td colspan="2">기관 담당자</td></tr>
<tr><td colspan="2">성명 : (서명)</td><td colspan="2">성명 : (서명)</td></tr>
</table>

활동을 통하여 배운 점

앞으로 더 필요한 지식과 기술

활동을 하면서 어려웠던 점

학교나 기관 지도자에게 건의할 점

사회봉사 일일활동 평가서

오늘 활동에 대해서 나 스스로 점검해보는 시간입니다.
오늘 무엇을 어떻게 했는지 잠시 생각해보고 물음에 진지하고 솔직하게 답합시다!

• 자기 생각이나 느낌과 가장 비슷한 번호에 ✔표 해주시고, 질문에는 구체적으로 답해 주세요!

1. 오늘 활동에 대해 얼마나 만족하시나요?

① 매우 만족 ( ) ② 약간 만족 ( ) ③ 그저 그렇다 ( )
④ 약간 불만족 ( ) ⑤ 매우 불만족 ( )

2. 위 문항에서 선택한 항목을 선택한 이유를 솔직하게 적어주세요.

3. 오늘 활동에서 자신의 감정을 가장 잘 표현한 모든 단어에 V표 해주세요.

① 흥미로움 ( ) ② 따분함 ( ) ③ 우울함 ( ) ④ 재미있음 ( )
⑤ 편안함 ( ) ⑥ 기분 나쁨 ( ) ⑦ 기타 ( )

4. 오늘 활동에서 자신이 얼마나 열심히 활동에 참여하고 기여했나요?

① 아주 많이 ( ) ② 약간 많이 ( ) ③ 보 통 ( )
④ 조 금 ( ) ⑤ 전혀 안함 ( )

5. 오늘 활동은 자신에게 얼마나 도움이 되었나요?

① 매우 도움 ( ) ② 약간 도움 ( ) ③ 그저 그렇다 ( )
④ 별로 도움 안됨 ( ) ⑤ 전혀 도움 안됨 ( )

6. 소중한 당신! 하고 싶은 말을 자유롭게 표현해 주세요!

사회봉사활동 최종보고서

<table>
<tr><td>수강학기</td><td colspan="2">20 학년도 학기</td><td>작성일자</td><td>20 년 월 일</td></tr>
<tr><td>소 속</td><td colspan="2">학과/학부</td><td>학 년</td><td></td></tr>
<tr><td>성 명</td><td colspan="2"></td><td>연 락 처</td><td></td></tr>
<tr><td rowspan="2">활동기관 및 활동내용</td><td>기관명</td><td></td><td>일 시</td><td>20 . . ~ 20 . .</td></tr>
<tr><td>소재지</td><td></td><td>시 간</td><td>총 시간</td></tr>
</table>

[사회봉사활동기록]

순번	월/일	활동시간	주요활동내용	순번	월/일	활동시간	주요활동내용
1		( )시간		8		( )시간	
2		( )시간		9		( )시간	
3		( )시간		10		( )시간	
4		( )시간		11		( )시간	
5		( )시간		12		( )시간	
6		( )시간		13		( )시간	
7		( )시간		총 ( )시간			

활동소감	
담당자 의견	

위 활동기록은 사실에 근거하여 작성하였으며, 위와 같이 활동 보고서를 제출합니다.

20 년 월 일

수 강 생 : (인)

기관 담당자 : (인)

지 도 교 수 : (인)

(기관 작성용)

사회봉사활동 최종평가보고서

기 관 명		기관실무지도자	
기 관 주 소		지 도 교 수	
사회봉사기간			
사회봉사학생		평 가 일 시	

* 출석상황

▢ 무단결석 없음 ▢ 무단결석 1회 ▢ 무단결석 2회 ▢ 무단결석 3회 이상

* 다음은 사회봉사 학생에 관한 평가입니다. 봉사학생이 봉사지도 기간 동안 보여주었던 태도와 행동을 기준으로 아래 항목에 솔직하게 평가해 주기 바랍니다. 봉사내용에 포함되어 있는 사항에 관해서만 평가하여 주시고, 평균에는 평가항목 총점을 평가항목 개수로 나눈 점수를 기입하면 됩니다.(1점 : 매우 그렇지 못하다 ~ 5점 : 매우 그렇다.)

항 목	내 용	1	2	3	4	5
실습 지도자에 대한 태도	1. 사회봉사시간을 엄수한다.					
	2. 적극적이고 긍정적인 자세로 봉사지도에 참여한다.					
	3. 사회봉사지도에서 지적된 내용을 수용한다.					
	4. 배우는 입장에서 진지하게 노력하고 발전하려는 태도를 갖는다.					
	5. 사회봉사지도자와 학생으로서 공식적 관계를 형성한다.					
기관 이해 및 관계 유지	6. 동료봉사생과 긍정적이고 원만한 협력관계를 유지한다.					
	7. 기관의 목적, 정책, 규칙, 사업내용을 이해한다.					
	8. 기관 내에서 사회봉사 학생으로서의 권한과 한계를 알고 일한다.					
	9. 기관 내 타 직원과 협조적 대인관계를 형성, 유지하여 업무를 처리한다.					
기본적 태도와 자질	10. 일의 우선순위를 결정하는 능력이 있다.					
	11. 할당된 시간 안에 일을 계획하고 수행한다.					
	12. 자신의 장점과 단점을 잘 인식하고 대응한다.					

	13. 사회복지실천지식을 사회봉사내용에 적용한다.					
	14. 사회봉사실천의 가치와 윤리를 갖고 임한다.					
	15. 봉사자로서의 편견, 선입견, 고정관념을 인식하고 객관성을 유지한다.					
	16. 사회봉사 내용을 실행에 옮긴다.					
	17. 사회봉사과정을 책임감 있게 수행한다.					
기록	18. 기록, 보고서 등을 정해진 일시에 제출한다.					
	19. 사회봉사 내용을 사실에 근거하여 정확하게 기록한다.					
	20. 사회봉사내용을 체계적이고 구체적으로 기록한다.					
	21. 클라이언트와의 상호작용 및 사회봉사학생의 사고와 감정을 기록한다.					
	22. 사회봉사 지도를 통해 지적된 사항 및 배운 것을 정확히 기록한다.					

* 기관 고유의 항목에는 기관의 특성과 사회봉사 상황에 맞는 평가항목을 기관실무지도자가 추가적으로 직접 기입하고 평가할 수 있습니다.

<table>
<tr><td>총평</td><td colspan="3">(사회봉사 학생의 봉사자로서의 장단점 및 대학에 대한 건의)</td></tr>
<tr><td>평가문항개수</td><td></td><td>총점</td><td></td></tr>
<tr><td>평균
(총평÷평가
문항 개수)</td><td colspan="3">(기록 후 테이프 부착하시고 사회봉사 담당자 서명 요망)</td></tr>
</table>

사회봉사활동실무지도자 : (인)

기 관 장 : (인)

(학생 작성용)

사회봉사활동 최종평가보고서

1. **사회봉사자 개요**

1) 이름	
2) 소속 학교	

2. **사회봉사활동 개요**

1) 사회봉사기관 및 기관지도 담당자	
2) 사회봉사교과목 담당교수	
3) 사회봉사 전체 일정 및 봉사 개요 정리	

3. **사회봉사활동에 대한 평가**

1) 사회봉사활동 목표달성에 대한 평가

2) 전문성 개발에 대한 평가

3) 사회봉사 역할 수행상의 자세 및 노력 평가

4) 기관 이해 및 인간관계

5) 봉사기관 및 지도자에 대한 건의사항

6) 사회봉사를 통해 느낀 점

A+ 대학생활을 위한
사회봉사 활동일지

1판 1쇄 발행 2018년 8월 30일
1판 3쇄 발행 2022년 2월 28일

저 자 | 송정애
발 행 인 | 박철용
발 행 처 | 양서원
주 소 | 경기도 파주시 직지길 522 파주출판도시
전 화 | 031-955-8000(代)
팩 스 | 031-955-8005
홈페이지 | www.yswpub.co.kr
이 메 일 | yswgroup@naver.com
출판등록 | 1987년 11월 24일 제 406-2003-037 호

ISBN 978-89-994-0860-1

정가 5,000원